Glückliche Eingewöhnung in Kita und Tagespfleg

Glückliche
Eingewöhnung in Kita und Tagespflege

Ratgeber für Eltern mit
bewährten Tipps und Checklisten

Noreen Naranjos Velazquez

Bibliografische Information der Deutschen Nationalbibliothek: Die Deutsche Nationalbibliothek verzeichnet diese Publikation in der Deutschen Nationalbibliografie; detaillierte bibliografische Daten sind im Internet über dnb.dnb.de abrufbar.

© 2022 Noreen Naranjos Velazquez

Herstellung und Verlag:
BoD – Books on Demand, Norderstedt

ISBN: 978-3-7568-2899-9

Inhalt

1 Vorwort

Mit diesem Ratgeber haben Sie einen praktischen Leitfaden in der Hand, mit dem Sie sich auf die Eingewöhnung Ihres Sonnenscheins vorbereiten können. Oder befinden Sie sich bereits mittendrin und brauchen ein wenig Orientierung?

Dann haben Sie gerade die richtige Wahl getroffen:

Kurze Checklisten zu organisatorischen Dingen dienen als Stütze, damit während der glücklichen Eingewöhnung schließlich der Weg vorbereitet ist und vor allem das Kind im Mittelpunkt stehen kann: Was braucht mein Kind in der Kita? Was könnte man gleich bei der Anmeldung fragen?

Das Berliner Eingewöhnungsmodell wird in Deutschland sehr häufig in Kindertagesstätten oder auch Tagespflegen verwendet. Erfahren Sie anhand des vorliegenden Buches, wie die einzelnen Phasen aussehen.

Vom ersten Tag an beschreibt der Ratgeber mit kurzen Worten, was Eltern und Kind wohl bei der Eingewöhnung erwarten kann.

Jeder Abschnitt wird dabei durch Ideen und Tipps ergänzt, welche vor allem Eltern als Fahrplan dienen können.

Wie sollten Sie sich verhalten? Wie können Eltern ihr Kind unterstützen? Wo und wie genau findet die Eingewöhnung überhaupt statt? Wie wird die Erzieherin vorgehen? Woran erkennt Mama, dass sie den Raum nun auch einmal verlassen sollte? Warum braucht mein Kind überhaupt eine außerfamiliäre Betreuung?

Darüber hinaus bietet das Buch einen Einblick in den umfangreichen Arbeitsalltag einer pädagogischen Fachkraft und erklärt kurz, mit welchem roten Faden eine Erzieherin die

Entwicklung eines jeden Kindes begleitet und fördert.

Des Weiteren bietet dieses reichhaltige Mini-Nachschlagewerk zahlreiche Anregungen und Vorschläge für den elterlichen Kita-Alltag und gehört quasi in jede Handtasche:

Was genau erwartet Eltern nach der Eingewöhnung? Wie können Mama und Papa auch selbst in der Kita aktiv werden?

Folgende Symbole ermöglichen eine übersichtliche und schnelle Handhabung des Ratgebers:

→ Anregungen und praktische Tipps, die Eltern beim Nachdenken & Reflektieren unterstützen können. Dabei gibt es auch ausreichend Platz, um sich sofort eigene Notizen zu machen.

✎ Platz für eigene Notizen, Gedanken und Journaling.

✔ Gratis Checklisten auch zum **Download** zur Vorbereitung auf die Eingewöhnung in Kita oder Tagespflege: conevo-vip.de/eingewoehnung

Im vorliegenden Buch wird meist nur von der Kita gesprochen. Natürlich treffen auch viele Punkte auf die außerfamiliäre Betreuung in der Tagespflege zu.

Des Weiteren fühlen sich bitte auch Väter und Männer angesprochen, obwohl aufgrund der Einfachheit meist nur von Müttern und Erzieherinnen gesprochen wird.

Ich wünsche Ihnen eine hilfreiche Lektüre und eine damit verbundene erfolgreiche Reise durch das Wechselbad der Gefühle während der Eingewöhnung.

PS: Die Seite 73 bietet Platz für eine Übersicht für Notizen zu Reflexionsfragen und eigenen Gedanken.

Ihre Autorin

Noreen Naranjos Velazquez

2 Checkliste „Wiedereinstieg in Ausbildung oder Beruf"

Wenn Mama und auch der Papa plötzlich wieder arbeiten gehen, steht die Familienwelt plötzlich auf dem Kopf! Nicht nur für das Kleinkinder, sondern auch für Eltern und Geschwister. Sogar die Tante bemerkt Veränderungen, denn irgendwie ist niemand mehr anzutreffen...

Plötzlich wird aus dem anscheinend entspannten Familienrhythmus, der fast ausschließlich an die Bedürfnisse des Kindes angepasst schien, ein Leben nach der Uhr und dem Schichtplan.

Jeder Wiedereinstieg ins Arbeitsleben ist von ganz bestimmten Motiven geprägt. Hören Sie doch einmal in sich selbst hinein:

→ Warum gehen Sie ab jetzt eigentlich wieder arbeiten?

Arbeiten oder Studieren mit Kind können bei effektiver Organisation sehr gut in das Familienleben integriert werden. Dabei heißt es jedoch einen kühlen Kopf zu bewahren und Prioritäten zu setzen.

Überprüfen Sie selbst Ihren Standpunkt. In vielen Situationen kann dieser unterstützen, die richtige Entscheidung zu treffen:

o   Familie oder Beruf?

o   Familie und Beruf?

o   Mindestens zwei Monate vor Arbeitsstart beginnt die Eingewöhnung?

o   Wer könnte mein Kind bei Krankheit, Wochenenden, Feiertagen oder Schließzeiten der Einrichtung betreuen?

o   Lassen sich die Öffnungszeiten der Einrichtung mit denen der Arbeitszeiten koordinieren?

o   Nicht nur Eltern, auch Kinder brauchen Urlaub. Eine Planung mit Luftlöchern ist notwendig, damit bei Bedarf spontane Pausen eingeschoben werden können.

o   Informieren Sie Ihren Arbeitgeber über eventuelle Bedürfnisse.

o   Wer kann die Organisation des Haushaltes in der Anfangszeit übernehmen?

o   Sind alle nun scheinbar unwichtigen Dinge, wie Steuererklärung, Vorsorgeuntersuchungen, Termine auf der Bank und ähnliches bereits erledigt oder verschoben?

o   Habe ich beratende Unterstützung zur Hand?

🖉 ➜ Was würden Sie auf diese Fragen antworten?

3 Berliner-Eingewöhnungsmodell

In den meisten Einrichtungen in Deutschland wird die Eingewöhnung nach dem Berliner-Eingewöhnungsmodell (kurz: BEM) durchgeführt.

In diesem Abschnitt erfahren Sie näheres zur praktischen Umsetzung und vor allem zum Ablauf der Eingewöhnung.

Diese Lebensphase bedeutet oft eine große Veränderung für alle Familienangehörigen, jedoch ganz besonders für das Kind, schließlich muss es in einer fremden Umgebung mit neuen Kindern und vor allem neuen Erwachsenen allein bleiben.

Mama und Papa gehen ihren gewohnten Weg zur Arbeit, trotz elterlicher Sorge und Herzweh werden sie jedoch kindliche Empfindungen in vielen Fällen nicht nachfühlen können.

Kinder jeden Alters werden jedoch lernen, sich mit der neuen Situation zu arrangieren.

Bei manchen wird es schneller gehen, einige werden längere Zeit damit zu kämpfen haben und wieder andere werden die ganze Show sehr gelassen über die Bühne ziehen.

Auch hierfür gibt es keine Standardantwort, beziehungsweise Alters abhängige Feinheiten.

Im Folgenden erhalten Sie einen Einblick in die wichtigsten Schritte des Modells.

3.1. A – Kennenlernen

Am ersten Tag geht es meist erst einmal darum, dass verschiedene Dinge in der Kita abgegeben werden.

Gruppenraum, Waschraum, Schlafraum, Garderobe, als auch das Außengelände werden besichtigt.

Die Erzieherin wird den Tagesablauf näher erläutern und Ihnen die entsprechenden Schubfächer für persönliche Gegenstände, Wechselkleidung etc. zeigen.

Meist ist es so, dass Eltern zu diesen Orten selbstständig Zugriff haben, um entsprechend aufzufüllen oder auch wichtige Dinge auszuwechseln.

Für Ihre Fragen ist auch hier viel Platz.

→ *Vielleicht mag Ihr Kind bereits erste Forscherreisen machen oder gar ein interessantes Spielzeug ausprobieren? Oder möchte es am liebsten auf Ihrem Arm die neue Umgebung erst einmal aus sicherer Entfernung betrachten? Es möchte mit der Erzieherin spielen? Es möchte vom Obstteller naschen oder etwas vom Tee probieren? Es fängt bereits beim Betreten des Raumes an zu weinen?*

→ *Jede Reaktion Ihres Kindes ist normal. Akzeptieren Sie das Verhalten Ihres Kindes. Sie müssen sich nicht dafür rechtfertigen.*

→ ***Tipp***: *Lassen Sie ruhig auch das Kuscheltier, das Lieblingsschmusetuch oder ähnliches die neue Umgebung mit erkunden. Vielleicht unterstützen diese Dinge auch vor allem in der ersten Zeit?*

3.2. B - 1.-3. Tag

Sie werden dem Kind an seinem Platz in der Garderobe die Hausschuhe anziehen und die Straßenkleidung ablegen. Kommentieren Sie das Geschehen kurz und sachlich.

Die Erzieherin wird Sie beide kurz begrüßen und in den Gruppenraum einladen.

Zeigen Sie Interesse. Setzen Sie sich mit hin. Idealerweise etwas an den Rand.

Beobachten Sie, wie Ihr Sprössling reagiert. Lassen Sie ihm freien Lauf.

Manche Kinder bevorzugen Mamas Schoß, andere wiederum sind so fasziniert, dass sie sich zwar immer wieder nach Mama umdrehen, jedoch sich einfach in das Getümmel aus Kindern und neuen Spielsachen stürzen. Werden Sie auch zum Spielen eingeladen, so lehnen Sie nicht ab.

Die Erzieherin wird Ihr Kind sehr gut beobachten und entsprechend ihren Erfahrungen reagieren. Wahrscheinlich wird sie sich langsam dem Kind annähern, mit ihm kurze Wort wechseln. Es einladen zum Spielen oder auch einfach in Ruhe die Umgebung erkunden lassen.

An dieser Stelle ist es besonders wichtig zu erwähnen, dass Eltern zwar anwesend sind, jedoch die Erzieherin bereits versucht, das Kind zu trösten, sollte dies notwendig sein.

Später im Kita-Alltag beginnt die Aufsichtspflicht direkt mit der Übergabe des Kindes an die pädagogische Fachkraft.

→ *Vertrauen Sie in die Stärken Ihres Sonnenscheins.*

14

➜ *Erzählen Sie Ihrem Kind getrost von den Kindern, der Erzieherin und den Spielsachen. Unser Nachwuchs versteht vielmehr, als wir manchmal zu glauben wagen. Integrieren Sie also den Lebensraum Kita in Ihr Leben durch Sprache. Ihr Kind merkt schnell, dass Sie sich für seine neue Umgebung sehr interessieren. Dadurch kann es selbstsicherer in die neue Situation hineingehen.*

➜ *Versuchen Sie die Phase der Eingewöhnung vor allem dem Kind gegenüber als etwas Besonderes erscheinen zu lassen: „Du bist jetzt schon groß und kannst zu den Kindern spielen gehen! Ich bin stolz auf dich!" Versuchen Sie dabei besonders auf Stärken zu verweisen.*

➜ *Zeigen Sie Ihrem Kind gegenüber Verständnis auf seine Reaktion. Kommentieren Sie nicht zu viel. Seien Sie einfach da für seine Bedürfnisse.*

➜ *Achten Sie auf Ihr eigenes Bauchgefühl.*

➜ *Manchmal schlagen Erzieherinnen bereits am zweiten oder dritten Tag die erste zehnminütige Trennung vor. Lassen Sie sich nicht überrumpeln, sondern hören Sie auch hier wieder auf Ihre innere Stimme.*

Die Erzieherin hat meist langjährige Erfahrungen, jedoch Ihr eigenes Kind kennt momentan noch die Mutter am besten. Ist es Ihnen zu früh? Bitte äußern Sie dies gegenüber der Fachkraft. Schließlich gehören bei einer sanften Eingewöhnung Kind, als auch Mutter zusammen. Geht Mama mit einer Gelassenheit in die Situation hinein, wird auch das Kleinkind gegenüber einer weiteren Bezugsperson offen sein.

→ Was nehmen Sie sich für die ersten drei Tage der Eingewöhnung vor?

3.3. C - 4. Tag

Sie werden dem Kind an seinem Platz in der Garderobe die Hausschuhe anziehen und die Straßenkleidung ablegen. Kommentieren Sie das Geschehen kurz und sachlich. Reagiert Ihr Kind auf bereits bekanntes?

Die Erzieherin wird Sie beide kurz begrüßen und in den Gruppenraum einladen.

Zeigen Sie Interesse. Setzen Sie sich mit hin. Idealerweise etwas an den Rand.

Der Verlauf des Berliner-Eingewöhnungsmodells sieht aufgrund positiver Erfahrungen heute eventuell die erste kurze Trennung von circa zehn Minuten vor.

Generell gibt es zwei Möglichkeiten. Entweder Sie verabschieden sich von Ihrem Kind, vielleicht mit Worten wie: *„Mama geht mal kurz zur Toilette, ...“* oder ähnlichem. Wer kleine Ausreden dieser Art nicht mag, kann seiner Kreativität freien Lauf lassen. Versuchen Sie auf jeden Fall sachlich zu bleiben, auch wenn Ihnen vielleicht flau bei dem Gedanken daran wird.

Einige Eltern bevorzugen sich auch einfach davon zu schleichen. Es gibt bestimmte Vorlieben und wie immer auch verschiedene Argumente für und wider. Entscheiden Sie selbst.

Bitte versuchen Sie dieses Detail im Voraus mit der Erzieherin zu klären, damit Sie in etwa weiß, in welchem Moment Sie sich verstärkt auf Ihr Kind konzentrieren sollte.

Schließlich hat Sie ab dem Zeitpunkt Ihrer Abwesenheit die 100% Aufsichtspflicht über das neue Kind!

Manche Eltern bleiben einfach in der Garderobe und warten circa die zehn Minuten ab und gehen dann direkt wieder rein. Auch hier ist eine vorherige Absprache mit der Erzieherin vorher empfehlenswert. Schließlich muss sie unbedingt wissen, wo Sie zu finden sind. So hat sie die Möglichkeit bei Bedarf bereits vorher die Trennungsphase zu beenden.

Sollte die Erzieherin Ihr eventuell Tränen überströmtes Kind vor Beendigung der vereinbarten Zeit zu Ihnen bringen, sehen Sie bitte nicht die gesamte Eingewöhnung als gescheitert an.

Vielleicht fühlt sich Ihr Kind noch nicht so sicher in der neuen Umgebung? Vielleicht hat es sich auch nur geärgert, da ein anderes Krippenkind sein Spielzeug eher in der Hand hielt?

Gehen Sie davon aus, dass Kinder bis circa zwei Jahren zwar verstehen, dass Sie jetzt gleich gehen, jedoch hören die Kleinen den Anhang: *„(...) Mama kommt gleich wieder."* nicht mehr und sind bereits gedanklich mit Mama auf dem Weg nach draußen.

Zwei Informationen werden nicht gleichzeitig verarbeitet.

Deshalb bevorzugen Eltern in dem Alter noch die Überraschungsversion.

Ab zwei Jahren verstehen Sie es jedoch bereits und eine Ankündigung mit Abschiedskuss, sei die Trennung auch anscheinend noch so kurz, ist ratsam.

Die ersten Trennungsmomente werden organisatorisch meistens auf die Spielzeit (drinnen oder draußen) gelegt.

→ *Bitten Sie Ihr Kind der Bezugserzieherin seine Bedürfnisse anzuvertrauen: „Wenn du Hilfe brauchst, kannst du gern Anne (Erzieherin) fragen." „Falls du auf Toilette möchtest, frage einfach Anne, sie zeigt dir bestimmt den Weg."*

→ *Bitte entscheiden Sie auch hier entsprechend Ihren Gepflogenheiten zu Hause. Wie handhaben Sie ähnliche Situationen, wenn beispielsweise Oma oder der Babysitter den Kinderdienst übernimmt?*

➜ Es hat sich als besonders hilfreich erwiesen, wenn Mama beispielsweise eine (leere) Tasche oder gar eine Jacke sichtbar an der Eingangstür im Gruppenraum während der ersten Tage ab der Eingewöhnung hinterließ.

Für das Kind bedeutet dies, dass Mama nicht weit weg sein kann und sicher gleich um die Ecke kommt.

Sprechen Sie mit Ihrer Erzieherin über Ihre Ideen, welchen auch hier keine kreativen Grenzen gesetzt sein sollten.

➜ Auf jeden Fall sollte bereits ab der Eingewöhnung ein Seelentröster für das Kind mit anwesend sein. In der Fachsprache heißt dieser Übergangsobjekt und darf unabhängig vom Kindesalter nie fehlen.

➜ In den ersten Tagen empfiehlt es sich auch täglich im Waschraum mal die Windel zu wechseln oder auch nur die Hände zu waschen.

Die Erzieherin wird dies in den Tagen der kurzen Trennungsphasen immer der Mutter überlassen.

Sobald das Kind sich jedoch auch an die Erzieherin gewöhnt hat, wird sie ebenfalls diese Aufgabe der Pflege übernehmen.

✎ ➜ Was wollen Sie am vierten Tag der Eingewöhnung
   unbedingt mitnehmen?

✎ ➜ Was möchten Sie am vierten Tag der Eingewöhnung
   unbedingt beachten?

3.4. D - ab dem 5. Tag

Ab diesem Tag wird es meistens immer eine kleine Steigerung der Abwesenheitsphase von Mama geben.

Die Theorie des Berliner-Eingewöhnungsmodells sieht eine von der Mutter begleitete Eingewöhnungszeit von circa 14 Tagen vor.

Jedes Kind ist anders. Manche benötigen drei Wochen, anderen wiederum scheint es ziemlich gleichgültig, ob Mama anwesend ist oder nicht. Sie haben so viele Dinge zu entdecken, dass sich die Mutter getrost auch schon nach sehr kurzer Zeit für zwei Stunden verabschieden kann.

➜ Was werden Sie am fünften Tag tun, während Ihr Kind in der Einrichtung ist?

➜ Wie wollen Sie die Zeit mit Ihrem Kind nach der Kita am Nachmittag genießen

3.5. E – Kita-Alltag beginnt

Ab dem Tag, wo Mama das Kind früh abgibt und es längere Zeit in der Kita bleibt, ist jedoch die Eingewöhnung noch lange nicht abgeschlossen.

Das Kind weiß jetzt aufgrund der letzten Tage, dass Mama geht und wiederkommt. Es wird also nicht für immer in der Kita sein und es kann sich auch der neuen Bezugsperson anvertrauen.

Es kann jedoch vorkommen, dass das Kind noch nicht an allen Aktivitäten teilnehmen möchte, noch nicht das neue Essen probiert oder auch eventuell nicht schlafen kann.

Auch diese Vorkommnisse sind normal. Sprechen Sie bei Bedenken die Erzieherin direkt an. Schimpfen Sie nicht mit Ihrem Kind.

Erfahrungen zeigen, dass manchmal noch locker ein ganzer Monat vergeht, bis neue Berggipfel seitens des Kindes erklommen werden.

Die Erzieherin wird weiterhin mit offenen Augen und Ohren Ihr Kind begleiten und entsprechend reagieren.

➜ Sollten wir Erwachsenen unseren Kindern nicht in manchen Situationen mehr zutrauen?

➜ Wurde bis jetzt beim Thema Eingewöhnung übersehen, dass vor allem auch die anderen Kinder eine wichtige Rolle spielen?

➜ In Gemeinschaft mit anderen Kindern verhalten sich die Sprösslinge manchmal anders, als wenn sie nur mit Erwachsenen zusammen sind.

3.6. Checkliste „Vor der Eingewöhnung"

Beachten Sie, dass diese Schritte der Eingewöhnung von den Kindern selbst, als auch von den verschiedenen Einrichtungen sehr unterschiedlich gehandhabt werden.

- ✓ Fragen Sie bereits bei der Anmeldung Ihres Kindes nach.

- ✓ Informieren Sie sich auf der Internetpräsenz der Kita.

- ✓ Sprechen Sie mit anderen Eltern über ihre Erfahrungen. Seien Sie dabei aber kritisch und lassen sich bitte nicht verunsichern, wenn Erzählungen von „erfahrenen" Eltern stark von Ihren eigenen Vorstellungen oder Erfahrungen unterscheiden.

- ✓ Fragen Sie bei Unklarheiten immer direkt bei der Erzieherin nach. Sie wird Ihnen die einzelnen Schritte sicher gern noch einmal ausführlich erklären. Zudem signalisieren Sie auf diesem Weg, dass Sie an einem Dialog interessiert sind. Dies bildet die Basis für eine langfristige professionelle Partnerschaft auf Augenhöhe.

- ✓ Der genaue Ablauf wird dann vor Ort zwischen Ihnen und der Erzieherin verabredet. Er richtet sich immer nach der aktuellen Befindlichkeit des Kindes.

4 Eltern

➜ **Wichtig:** Fragen seitens der Eltern sind stets herzlich willkommen, denn der Alltag zeigt leider auch immer wieder, dass sich manche Familien überhaupt nicht für den Kita-Alltag interessieren. Kinder werden einfach so abgegeben. Die Kita wird als Aufbewahrungsort betrachtet.

Selbst redend wird dies auf die Kinder übertragen. Letztendlich sind sie am Ende die Leittragenden und werden nur sehr schwer über die tägliche Trennung von Mutter und Vater hinwegkommen.

Dadurch haben betroffene Kinder einen komplizierten Einstieg, welcher für sie den bunten Lebensraum Kita zu einem grauen Aufbewahrungsort macht. Scheuen Sie sich nicht, die Erzieherin direkt anzusprechen!

➜ Finden Sie Ihren persönlichen Zugang zur Erzieherin.

➜ Beachten Sie dabei, dass die Eingewöhnung Ihres Kindes zwar gerade im Blickpunkt des Geschehens steht, jedoch die Erzieherin noch vielen weiteren Tätigkeiten jetzt quasi nebenbei nachgehen muss.

Dadurch gehen eventuell einige Details unter. Sie interessiert aber noch dies oder jenes?

Sie möchten auch noch einmal genau wissen, wie es denn nun mit dem Schlafen ist? Fragen Sie einfach direkt nach!

4.1. Häufige Bedenken von Eltern

➜ **Werden Sie mein Kind auch richtig verstehen?**

Tipp: *Wenn nicht, wird es sich meist allein Aufmerksamkeit verschaffen. Vor allem ErzieherInnen sind dazu ausgebildet, um die Kindersprache zu verstehen.*

➜ **Werden Sie es auch nicht vergessen?**

Tipp: *ErzieherInnen sind dazu verpflichtet, auf jedes Kind, was Ihnen anvertraut wird, zu achten. Dabei spielt es keine Rolle wie alt es ist oder ob die Betreuungsperson gerade nur Urlaubsvertretung hat.*

➜ **Wie wird mein Kind überhaupt allein einschlafen können?**

Tipp: *Der Alltag wird manche Fragen schnell allein klären. Ist das Kleinkind vom Kita-Vormittag sehr müde, wird es sicher darüber kaum „nachdenken" und einfach ins Bett fallen. In der Eingewöhnungszeit passiert es auch manchmal, dass die Kinder bereits beim Mittagessen schon fast einschlafen. Sollte ein Kind jedoch Probleme haben beim Einschlafen, wird die Erzieherin aus Erfahrung richtig handeln.*

Es gibt Einrichtungen, welche beispielsweise gerade in der Anfangszeit auch anbieten, dass Kind in seinem Kinderwagen einschlafen zu lassen. Manch eine Erzieherin setzt sich auch neben das Bettchen und streichelt das Kind in den Schlaf. Letzteres kann übrigens auch bei größeren Kindergartenkindern hier und da von Bedeutung sein.

→ **Wird es auch richtig essen?**

Tipp: *Kinder brauchen Kinder nicht nur zum Spielen und Entdecken, sondern auch um sich gegenseitig die Welt zu zeigen. Es passiert oft, dass sie unbekannte Gerichte einfach nur probieren, weil die gesamte Gruppe kräftig zugreift.*

Allerdings kann es gerade auch hier in der Anfangsphase noch etwas zögerlich sein. Vielleicht mag Ihr Kind nur einige Dinge probieren oder sogar nur etwas trinken.

Machen Sie sich keine Gedanken, meist ist es nur vorübergehend. Behalten Sie die Situation jedoch in Absprache mit der Erzieherin im Auge.

Platz für eigene Gedanken

➔ **Wird mein Schatz oft weinen? Können Sie es wirklich trösten?**

Tipp: *Gerade bei kleineren Kindern werden Eltern vor allem zu Beginn der außerfamiliären Betreuung Ihr Kind auch in einem „Ausnahmezustand" erleben. In Ratgebern wird davon kaum berichtet, aber als Mutter und Vater sollten Sie diese Information nutzen, um entsprechend zu handeln.*

Eltern sind für die Sprösslinge meist die wichtigsten Bezugspersonen. Mama und Papa sind DIE Ansprechpartner für alle Bedürfnisse. Nun werden diese Aufgaben durch eine weitere Bezugsperson für eine gewisse Zeit des Tages übernommen.

Das Kind wird durch Erfahrung lernen, dass auch die Erzieherin diese Bedürfnisse sehr wohl befriedigen kann. Egal ob Hunger, Durst, Traurigkeit oder Ärger, sie wird dem Menschenkind mit Nahrung, Getränken, Trost oder Verständnis bei Seite stehen.

Eltern müssen dies genauso lernen. Mit der Zeit werden Sie Ihr Kind den Kita-Alltag sicher genießen sehen. Dabei wird es immer wieder auch mal zu Tränen bei Abschied oder Rückkehr der Eltern kommen. Warum?

Das Kind weiß, dass sich die Mutter in den nächsten Momenten bereits von ihm trennen wird. Manchmal beginnen sie aus diesem Grund bereits zu protestieren, wenn nur das Kindergartengebäude in Sichtweite ist oder gar zu Hause nach dem Frühstück die Schuhe angezogen werden.

Gleichzeitig bedeutet dies für die Mama, dass ihr Kind eine feste Beziehung zu Ihnen hat – unabhängig davon wie wohl es sich in der Kita fühlt. Vor allem in den ersten Lebensmonaten machen Kinder dies durch Weinen deutlich. Manchmal wehren sie sich auch mit Händen und Füßen.

Haben Sie Geduld. Verzweifeln Sie nicht bei jeder Schrei-

Attacke. Versuchen Sie, die Situation nicht nur emotional zu betrachten, sondern auch etwas rational: Weinen Sie nicht mit dem Kind gemeinsam. Ihnen ist trotzdem dazu zu Mute? Versuchen Sie dennoch, dass Ihr Sprössling Sie nicht weinen sieht.

1. *Die Erzieherin ist eine neue Bezugsperson für Ihr Kind geworden. Sie wird sich dem Kind annehmen und es trösten, beziehungsweise in den ersten Minuten intensiv begleiten.*

2. *Sprechen Sie unbedingt mit der Erzieherin über Ihre eigenen Sorgen und Bedenken.*

3. *Vielleicht können Sie gemeinsam mit dem Kind ein kleines Verabschiedungsritual einführen? Der Klassiker ist nach wie vor für jedes Alter – Winken am Fenster, bis Mama nicht mehr zu sehen ist. Kann dieses Ritual mit einem etwas Interessantem begleitet werden? Manchmal dürfen die Kinder dazu auf einen Stuhl steigen – was sonst untersagt ist – dass alleine wieder runter klettern (je nach Alter und unter Aufsicht) wird dabei jedes Mal zum Highlight.*

Bei kleineren Kindern funktioniert diese Verabschiedungsszene (wird sie auch noch so oft empfohlen) oft nicht. Manchmal ist es für das Kind besser, die Eltern „schleichen" sich raus.

Auch hat es sich manchmal bewährt, das morgendliche Ankommen bewusst auf einen sehr aktiven Moment zu legen: Der Tisch wird gerade gedeckt. Alle ankommenden Kinder können sofort mit Neugier dabei sein. Was gibt es wohl heute zu essen? Ich möchte allein die Teller zum Tisch bringen. Ähnlich spannend kann auch die Beschäftigungszeit als direkter Einstieg sein. Oder alle Kinder sind bereits im Waschraum: Juhuuu, mit Wasser „panschen" und alle Hände waschen ...

Wundern Sie sich bitte nicht, wenn Ihr Kind nach dem Ausziehen manchmal sofort über alle Berge ist. Informieren Sie kurz die Erzieherin über die Ankunft und eventuell noch über wichtig erscheinende Dinge, aber versuchen Sie nicht noch Ihrem Kind unbedingt einen Abschiedskuss abzuringen.

Bitte entscheiden Sie sich für Ihre eigene Variante. Es gibt keine Standardlösung. Jedoch bietet es sich manchmal an, mit anderen Eltern über verschiedene Möglichkeiten zu sprechen oder auch unbedingt die Erzieherin zu konsultieren.

Platz für eigene Gedanken

➜ **Kann es nicht von den größeren Kindern geärgert oder verletzt werden?**

Tipp: *Ähnlich wie im „richtigen" Leben, ist es auch in der Kita so, dass Kinder verschiedenen Alters aufeinandertreffen werden.*

Ihr Kind wird entweder ganz klein sein, schon zu den etwas Größeren oder gar zu den ältesten gehören.

Kinder lernen viel schneller, als wir Erwachsenen manchmal, sich in ihrer neuen Situation zurecht zu finden.

Jedoch sind bei diesem Bedenken für Eltern geradezu zwei Standardaussagen wichtig:

1. *Die Erzieherin hat die unbedingte Aufsichtspflicht. Dies gilt von dem Moment an, in dem Eltern das Kind übergeben und dauert ohne Ausnahme bis zur Abholung.*

   Umso jünger des Kita-Kind ist, desto engmaschiger und intensiver ist die Aufsicht. Dies gilt im Übrigen auch dann, wenn das ihr anvertraute Kind schläft.

Im Krippenbereich betreut eine Erzieherin im Idealfall circa sechs Kinder. Bei Kindergartenkinder sind es circa 15 Kinder pro Erzieherin. Diese Angaben variieren in Deutschland von Bundesland zu Bundesland.

2. *Sprechen Sie auch hier stets zeitnah mit der Erzieherin, sobald Ihnen Zweifel kommen.*

Platz für eigene Gedanken

4.2. Auf zu neuen Ufern!

Immer wieder zeigt der Berateralltag zum Thema Eingewöhnung, dass oft die Eltern das eigentliche Problem sind.

Warum? Weil sie eine sehr innige Beziehung zu ihrem Kind aufgebaut haben und es auch weiterhin vor allen „bösen" Gefahren des Lebens beschützen wollen. Meist haben sich durch die intensive Betreuungszeit während der ersten Lebensmonate in der Elternzeit verschiedene Muster eingeschlichen, die es nun Schritt für Schritt zu öffnen gilt.

Dies ist nicht krankhaft und völlig normal – ja geradezu menschlich! - solange sich Eltern dessen bewusst sind.

→ Haben Sie Vertrauen in Ihr Kind, denn es wird Ihnen genau diesen natürlichen Entwicklungsweg weisen.

→ Beobachten Sie Ihr Kind in den nächsten Tagen einmal genauer: In welchen Situationen können Sie sich auf die Stärken Ihres Kindes verlassen?

➔ Die Eingewöhnung ist nicht nur für Kinder eine abenteuerliche Zeit mit neuen Bergspitzen und Herausforderungen, sondern ebenso auch für Eltern!

🖉 ➔ Worin sehen Sie persönlich die größten Herausforderungen der nächsten Tage und Wochen?

🖉 ➔ Worin sehen Sie persönlich Ihre Bergspitzen, um die nächste Etappe als Mama oder Papa erfolgreich zu erklimmen?

→ Nutzen Sie diese Herausforderung als Chance für ein intensiveres Familienleben. Denn ab sofort werden Sie sich einen Teil des Tages mit völlig anderen Themen auseinandersetzen als Ihr Kind.

→ Wie genau könnte Ihr Familienleben rund um die Kita-Zeit aussehen? Welche neuen Abläufe, Aktivitäten, … wird es geben?

Erinnern Sie sich vielleicht jetzt gerade auch an Momente, in denen Ihnen die *„Decke auf den Kopf fiel"* vor lauter Haushalt und Kinderbetreuung?

Platz für eigene Gedanken

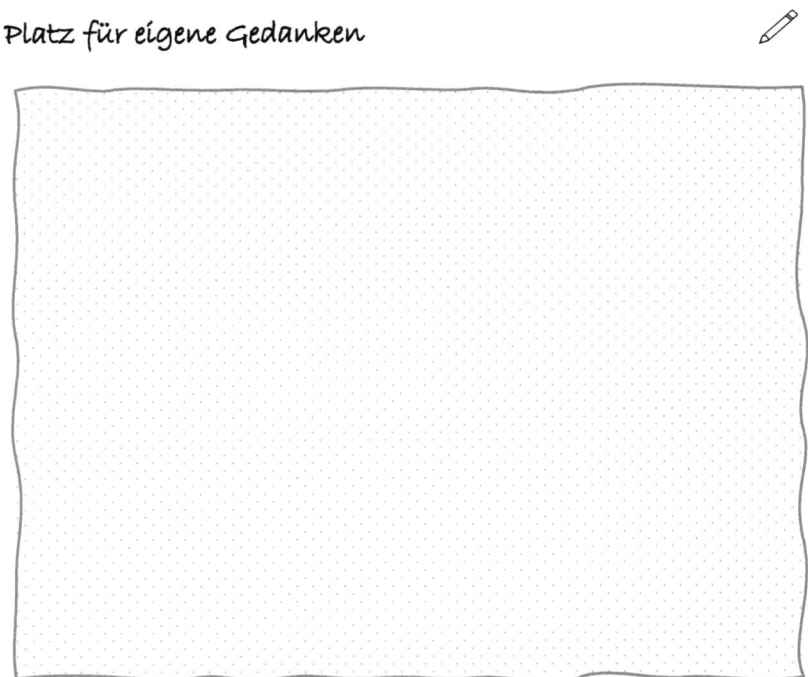

Unabhängig vom Alter des Kindes ist nun der Zeitpunkt gekommen – ob Sie wollen oder nicht – in dem ein neuer Tagesrhythmus den Alltag aufleben lässt.

Nun werden sich die familiären Gesprächsthemen um viele Neuigkeiten aus Sicht aller Familienangehörigen drehen. Plötzlich werden auch Kinder diese noch aktiver durch vielleicht sehr verschiedene Ansichten ergänzen.

Warum? Im Zusammenleben mit anderen Kindern stoßen auch Ihre Sprösslinge auf neue Verhaltensmuster und setzen sich mit anderen Regeln, als auch Wörtern und vielem mehr auseinander, welche in Ihrer Familie vielleicht gar keine Rolle spielen.

Genau durch diese Art von Vorkommnissen wachsen Sie nun als Familie noch enger zusammen. Gemeinsam werden Sie sich immer verstärkter gemeinsamen Werten und Normen bewusst.

Ähnliche oder gar sehr verschiedene Ansichten werden im Gegensatz dazu im Kita-Alltag den Horizont Ihres Kindes erweitern. Es beginnt sich nun verstärkter sein eigenes Bild vom Leben zusammen zu puzzeln.

Platz für eigene Gedanken

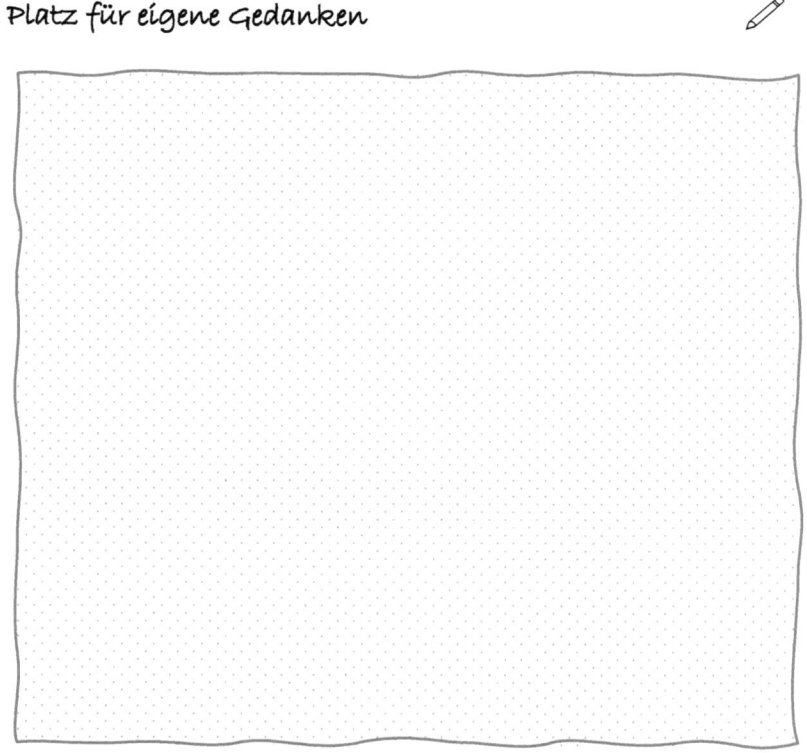

5 Kinder

Checkliste „Kinder brauchen Kinder"

Familien gehören zusammen. Jedoch brauchen Kinder vor allem auch Erfahrungen und Erlebnisse mit anderen Sprösslingen verschiedenen Alters, denn nur so können sie verschiedene Fähigkeiten wie Sozialkompetenz und Kommunikation ausbilden.

Diese Checkliste sollte hauptsächlich den erwachsenen Köpfen dazu dienen, Kindertagesstätten, Tagespflegen oder andere nicht nur als Aufbewahrungsort für den Nachwuchs zu betrachten:

✔ Noch nie in der menschlichen Geschichte lebten Familien so isoliert voneinander wie heute. Neue Mehrgenerationenprojekte werden nun aus dem Boden gestampft, damit wieder ein Gleichgewicht hergestellt werden kann.

✔ Nicht nur in Deutschland verbringen Kleinkinder die ersten Lebensmonate vor allem mit der Mutter.

✔ In Krabbelgruppen und anderen Treffen begegnen sich jedoch meist nur gleichaltrige Kinder.

✔ **Für eine gesunde Entwicklung benötigen auch bereits Kleinstkinder unter drei Jahren Kontakt zu größeren, beziehungsweise kleineren Erdenbürgern.**

✔ **Außerdem sind verschiedene Bezugspersonen von Vorteil.** In einigen Familien sind dies die Großeltern, Tanten, Nachbarn oder auch Babysitter.

Schließlich müssen Kinder bereits von Anfang an mit anderen

Regeln, Normen und Werten in Berührung kommen, damit sie sich ein kritisches und vor allem eigenes Weltbild aufbauen können.

Gerade in der heutigen Zeit, wo jede neue Entwicklung bereits morgen wieder zum Schnee von gestern gehört, muss der Nachwuchs fit sein, um selbst Prioritäten setzen zu können.

✔ **Kinder verbringen bis zu maximal 10 Stunden täglich in der Einrichtung. Im Krippenalter sollte dieses Maximum jedoch nicht unbedingt erreicht werden.**

✔ **Aus Erfahrung ist davon abzuraten gleich nach 14 Tagen Eingewöhnung mit einem vollen Tag zu starten.** Tauschen Sie sich hierzu unbedingt mit anderen Eltern, als auch mit der Bezugserzieherin aus.

✔ **Für die körperliche und geistige Gesundheit Ihres Kindes empfiehlt sich ein sanfter Einstieg in Etappen.**

  ▪ Spielen (bis zwei Stunden)

  ▪ Frühstück + Spielen (bis zwei Stunden)

  ▪ Frühstück + Spielen + Mittagessen

  ▪ Frühstück + Spielen + Mittagessen + Mittagsschlaf

  ▪ Frühstück + Spielen + Mittagessen + Mittagsschlaf + Vesper

  ▪ Frühstück + Spielen + Mittagessen + Mittagsschlaf + Vesper + Spielen

Wie lange jede Etappe sein sollte, ist von Kind zu Kind verschieden. Sprechen Sie dazu mit Ihrer Bezugserzieherin und hören Sie auf Ihr eigenes Bauchgefühl.

✔ **Zu bedenken ist, dass der Kita-Alltag (oder auch Tagespflege) mit einem kompletten Arbeitsalltag von Erwachsenen vergleichbar ist.**

✔ Erwachsene haben Anspruch auch Urlaub. **Kinder haben ein unbedingtes Recht auf Urlaub.** Dieser sollte aus mindestens ebenso vielen Tagen bestehen, wenn nicht noch mehr, wie die elterlichen Ferien.

✔ Kinder brauchen, ebenso wie Erwachsene, kleine Halbzeiten zwischendurch. Am Freitag ab und zu mal eher abholen oder auch einen freien Oma-Tag einlegen, trägt bereits zur Erholung vom Kita-Stress bei.

✔ **Kita-Stress**? Ja! Zu beachten ist der organisierte Tagesablauf, der sich aus organisatorischen Gründen nicht immer nach jedem einzelnen Bedürfnis der Kinder richten kann.

Hinzu kommt der Lärm, denn Kinder haben ein sehr lautes Organ, welches nun mal nicht für kleine Räume gemacht ist, sondern vielmehr das Überleben in der großen weiten Welt sicherstellte.

✔ **Eltern bleiben weiterhin die wichtigsten Bezugspersonen.**

✔ Studien zeigen, dass ein elterliches Interesse für den Kita-Alltag des Kindes den Aufenthalt und vor allem auch die Freude in der Kindergruppe positiv beeinflussen kann.

✔ Je nach Alter zeigen die jungen Menschen auf verschiedenste Weise, was sie im Kindergarten erlebt haben:

- bis circa 2 Jahre: vor allem durch ihr Verhalten und im Spiel

- bis circa 4 Jahre: hauptsächlich im Spiel zu Hause, jedoch auch durch konkrete sprachliche Äußerungen über das Erlebte.

Aus diesem Grund ist mindestens eine gemeinsame tägliche Spielzeit von Eltern mit ihrem Kind besonders wichtig.

Auf typische Elternfragen wie: „Was gab es heute zum Mittag?" gibt es sowieso immer die gleichen Antworten: „Nichts." oder „Zwiebeln."

Schließlich leben die Kinder im Jetzt und Hier.

Was heute im Kindergarten passierte, ist im Moment egal, denn schließlich zählt nur das Leben, also das Spiel.

Liebe Eltern seien Sie dazu aufgefordert mit Ihrem Kind zu spielen!

Dabei werden Sie durch aktive Rollen sehr gut über den Kita-Alltag informiert.

Nicht zuletzt lernen Sie auch auf diese Art und Weise schnell die Namen und Besonderheiten der anderen Kinder, als auch der anwesenden Personen in der Kita kennen.

Platz für eigene Gedanken

6 Unsere Erzieherin

Wie sieht eigentlich der Arbeitsalltag einer Erzieherin aus? Gehen Sie doch einmal aufmerksam an einer Kindertagesstätte vorbei. Ist das nicht ein herrlicher Job?

Sie gehen früh auf Arbeit, werden von den Kindern lachend empfangen, essen und spielen mit ihnen.

Nach dem Mittagessen machen die Kleinen je nach Alter circa ein bis zwei Stunden Mittagsschlaf und danach geht die Erzieherin auch bald wieder nach Hause...

Tatsächlich besteht jedoch der professionelle Alltag einer pädagogischen Fachkraft noch aus vielen weiteren, für Eltern teils unsichtbaren Aufgabenbereichen.

- **Planung von Angeboten**: In der Kita wird nicht nur „einfach mal so" gebastelt, gemalt oder gesungen. Jedes Bundesland in Deutschland hat für die Bildung, Erziehung und Betreuung von Kindern einen Bildungsplan. In diesem sind verschiedene Lernbereiche festgelegt, welche der Erzieherin als roter Faden dienen.

Zum Beispiel bieten die vier Jahreszeiten passende Themen an.
Der Herbst dient als Hauptthema. Nun wählt die Fachkraft entsprechende Aktivitäten, damit die verschiedenen Lernbereiche bedient werden.

Beispiel „HERBST":

✗ **Mathematik & Naturwissenschaft**: Die Kinder zählen die Pfützen und beobachten den Regen.

✗ **Sprache**: Ein passendes Fingerspiel mit Regentropfen wird jeden Tag gemeinsam ausprobiert.

✗ **Literatur**: Die Erzieherin liest vor dem Mittagsschlaf eine kleine Herbstgeschichte vor.

✗ **Musik**: Gemeinsam begleiten und tanzen die Kinder das Lied von der dicken Regenwolke, dem großen Kastanienbaum und der Wetterhexe mit Instrumenten für jedes Alter (Klanghölzer, Trommel, Triangel, Rassel). Die Erzieherin spielt dazu auf der Gitarre.

✗ **Kunst**: Gemeinsam lässt die Gruppe ein großes Herbstbild entstehen. Mit Fingermalfarben wird ein weißes Leinentuch bemalt.

✗ **Soziale Erfahrungen**: Zu Beginn eines jeden Tages wird gemeinsam ein Kreisspiel getanzt. Dabei begrüßen sich die Kinder und die Erzieherin. Alle lauschen gespannt, was denn heute alles passieren wird. Wie fühlen sich die Kinder? Möchten sie etwas erzählen? Vielleicht hat jemand ein Buch mitgebracht? Wird es eine neue spannende Herbstgeschichte geben?

Die Planung lässt jedoch noch genügend Spielraum für die kindliche Kreativität.
So legen Fachkräfte besonderen Wert auf die aktuellen Themen und Interessen der Kinder.

Meistens können Eltern das Thema und aktuelle Angebote dazu im Gruppenraum oder auch im Garderobenbereich bestaunen.

Natürlich handhabt auch dies jede Einrichtung anders. Einige bieten den Eltern ein monatliches Themenblatt, welche die

Kinder mit nach Hause bringen. Aktuelle Fingerspiele, Lieder und Reime können mit dem Nachwuchs daheim gesungen werden.

- **Vorbereitung von Angeboten**: Für viele Angebote wird bestimmtes Material benötigt: da müssen Schablonen vorbereitet werden, Pinsel und Farben bereitgestellt werden. Auf jeden Fall kann die Erzieherin alle Lieder, Spiele und Gedichte auswendig. Es kommen auch immer neue hinzu, welche die Fachkraft ebenso erst lernen muss.

- **Elternprogramme, Kita-Feste**: Es wird gern gesehen, wenn die Gruppe auch einmal den Eltern das Erlernte vortanzt, spielt oder singt. Ein bisschen Vorbereitung bedarf es auch hierbei für die Erzieherin.

  Gestaltet sie noch kleine Einladungen mit den Kindern? Muss der Gruppenraum etwas umgestaltet werden? Bei größeren Festen ist zusätzliche Absprache unter allen Erzieherinnen der Einrichtung notwendig.

- **Elternabende/ -nachmittage**: In regelmäßigen Abständen (ca. 1–4-mal jährlich) werden kleine Informationsrunden durchgeführt. Neben organisatorischen Themen wird den Eltern meist auch etwas Interessantes aus dem Erziehungsbereich vermittelt.

- **Entwicklungsdokumentation**: Die Erzieherin dokumentiert die Entwicklungsschritte eines jeden Kindes. Sie führen systematische Beobachtungen durch und verschriftlichen diese. Warum?

Jedes Kind entwickelt sich in seinem eigenen Tempo und Rhythmus. Trotzdem gibt es bestimmte Fertigkeiten, welche es bis zu einem gewissen Alter beherrschen sollte. Zum Beispiel beim Übergang in die Schule wird dies besonders wichtig.

Bemerkt die Erzieherin eine Tätigkeit, welche das Kind noch nicht richtig beherrscht, hat sie anhand ihrer Beobachtung die Möglichkeit, durch besondere Angebote genau in diesem Bereich zu unterstützen. Es handelt sich dabei um keine Therapie. Sondern es ist vielmehr die Kernaufgabe einer jeden Erzieherin.

- **Portfolio** ist ein Hefter (Aktenordner) mit dem Kindesnamen, welches jedes Kind in seiner Reichweite in einem Regal zur Verfügung hat. In diesem werden ebenfalls seine Entwicklungsschritte dokumentiert. Es werden eigene Bilder, Collagen, Kunstwerke oder kleine gesammelte Schätze aufbewahrt. Dazu ergänzt die Erzieherin in regelmäßigen Abschnitten Fotos aus dem Kita-Alltag.

Durch diese persönliche Sammlung kann auch das Kind den Eltern seine Entwicklungsschritte als Dokumentation sichtbar werden lassen.
Außerdem lieben es die kleinen Menschen, ihre eigenen Kunstwerke zu besichtigen.

- **Entwicklungsgespräche** mit Eltern oder Sorgeberechtigten werden meist einmal jährlich durchgeführt. Auf Grundlage von Beobachtungen und den Portfolios berichtet die Erzieherin über den Entwicklungsstand des Kindes.

Natürlich wissen auch Eltern dies am besten, jedoch neigen sie doch hin und wieder dazu, die rosarote Brille auf der Nase zu haben. Dadurch nehmen Mama und Papa eventuelle Eigenarten des Sprösslings vielleicht auch zu Hause wahr, jedoch wird diesem keine große Beachtung geschenkt und gemäß dem Motto *„Ach, das wird schon noch!"* abgestempelt.

Die Erfahrung zeigt, dass jedoch gerade die Erzieherin Ihres Kindes auch ein kompetenter Ansprechpartner bezüglich dieser Besonderheiten ist. Schließlich hat sie täglich viele Kinder ähnlichen Alters um sich herum.

Zudem können Erzieherinnen aufgrund ihrer Erfahrung manchmal sehr gut kleine Tipps geben, um gemeinsam die Besonderheit in eine Fähigkeit zu verwandeln.

Platz für eigene Gedanken

- **Spezielle Aufgaben:** Zum Beispiel die Personalplanung der Kita oder die Erstellung des Schichtplans gehören ebenso zum Alltag einiger Erzieherinnen.

- Durch **regelmäßige Fortbildungen**, welche zum Teil auch während der Arbeitszeit stattfinden werden pädagogische Fachkräfte auf dem neuesten Stand der Forschung gehalten, oder sie bekommen neue Ideen und Anregungen für Angebote. Manche Erzieherinnen belegen zudem berufsbegleitende Lehrgänge zur systematischen Erweiterung ihrer bereits erworbenen Kompetenzen.

- **Einzelgespräche** auf Wunsch der Eltern gehören ebenso zum Arbeitsalltag.

- Jede **Eingewöhnung** ist zwar vom Verlauf her ähnlich, jedoch bedarf es immer wieder einer Anpassung an das jeweilige Kind. Eventuell wird der Bezugserzieherin auch etwas Freiraum verschafft, andere Fachkräfte übernehmen Teilaufgaben. Das Personal muss dementsprechend anders eingeteilt werden.

Es kann natürlich auch vorkommen, dass in Stoßzeiten zwei oder mehr Kinder eingewöhnt werden.

Dies ist zwar kein Idealzustand für alle Beteiligte, jedoch lässt es sich im Kita-Alltag manchmal aus organisatorischen Gründen nicht vermeiden.

All das sind nun die Pflichtbereiche einer Kita-Angestellten. Zu vergessen sind da aber auf keinen Fall noch die kleinen oder großen Wehwehchen der Kinder, die den Alltag abwechslungsreich gestalten.

Interessant zu wissen ist auch, dass der Begriff pädagogische Fachkraft auch Sozialassistenten, Absolventen von Universitäten und andere pädagogische Berufsgruppen miteinschließt.

Trotzdem arbeiten in Kitas heute meist staatlich anerkannte Erzieherinnen als Bezugserzieherinnen oder Kindheitspädagoginnen, die meist für eine bestimmte Gruppe von Kindern zuständig sind.

Platz für eigene Gedanken

7 Rund um den Eingewöhnungsalltag

Gehen Sie getrost davon aus, dass sich während der Eingewöhnung in der Kita auch zu Hause verschiedene Dinge und Gewohnheiten sehr ändern können. Das ist völlig normal.

Es hat sich bewährt, dies einfach zu akzeptieren.

Ihr Kind wird sich auch nicht extra für Mama und Papa beherrschen, sondern vielmehr seinen Emotionen freien Lauf lassen.

Wut, Ärger, Tränen sind dabei ebenso natürlich, wie Verschwiegenheit, Sprachlosigkeit oder totales überdreht sein nach dem Kita-Abenteuer.

Im Übrigen lässt sich dieses Phänomen bei allen Altersgruppen beobachten. Unsere Kinder verarbeiten auf diese Art und Weise all das, was da an neuen Eindrücken, neuen Regeln, neuen Freiheiten, neuen Gerüchen, neuen Spielsachen, neuen Kinder und neuen Erwachsene auf sie einströmt.

→ **Was benötigt mein Kind in dieser Zeit am meisten?**

Mama und Papa werden während der Eingewöhnung als stabile Mauer, die jedem Wind und jedem Schneesturm standhält, unbedingt gebraucht.

Vor allem zählt hier Verlässlichkeit! Seien Sie für Ihr Kind einfach da.

Tun Sie so, als hätten Sie das „Theater" in der Kita überhaupt nicht miterlebt. Meist erinnern sich die Kinder nach einer spannenden Aktion sowieso nicht an ihre Tränen oder Wutausbrüche.

➜ Wie können wir unsere Kinder während dieser Phase unterstützen?

Machen Sie im Alltag Platz für neue Eindrücke und somit auch neue Verhaltensweisen. Ein kontrastreicher Ausgleich, bei dem das Kind Erfahrenes auch selbstständig verarbeiten kann, bieten sich dabei besonders an.

Egal in welchem Alter der Nachwuchs den Sprung in die außerfamiliäre Betreuung macht: Er kann es noch nicht auf altbewährte Erwachsenen-Weise reflektieren.

Eine eigene Verarbeitung ist aber unbedingt notwendig. Aus diesem Grund liegt es in den Händen von Mama und Papa entsprechende Rahmenbedingungen zu schaffen.

Bieten Sie Ihrem Kind Freiräume, damit es die Kita-Eingewöhnung verarbeiten kann.

Ein geeigneter Ort ist dafür die Natur: ein kleiner Abstecher in den Wald, Park oder vielleicht auch in den eigenen Garten?

Versuchen Sie ständig neue, quasi zusätzliche Eindrücke durch häufige Spielplatzbesuche in dieser wichtigen Phase zu vermeiden.

➜ Welche Rolle spielen wir als Eltern dabei?

Die Erfahrung zeigt, dass es für die Kinder am besten ist, wenn die Eltern weiterhin einfach eine gemäß ihrem Naturell entsprechende natürliche Rolle einnehmen.

Für Eltern ist es wichtig zu verstehen, dass Sie unabhängig von der außerfamiliäre Betreuung weiterhin eine der wichtigsten Bezugspersonen Ihres Kindes sein werden.

Außerdem scheint es wichtig zu beachten, dass Mama und Papa ihren Sonnenschein auf dem Weg zur Selbstständigkeit von nun an in scheinbar immer größer werdenden Schritten begleiten.

Eltern sind dabei der sichere Hafen. Von diesem aus bewegt sich das Kind tagtäglich in unbekannte Gewässer, lernt auch andere Hafen kennen und erweitert dadurch seine Fähigkeiten.

Schnell werden alle Beteiligten merken, dass jedoch der elterliche Heimathafen ein sehr sicherer Bezugspunkt ist.

Kinder kommen immer wieder dorthin zurück, um schließlich wieder mit gestärkten Kräften neue Gefilde zur erkunden.

Halten Sie ihren Nachwuchs nicht auf, wenn er sich neue Beziehungen zu anderen Menschen aufbaut. Eine ganz besondere Bedeutung haben dabei auch andere Kinder, welche gemeinsame Spiele begleiten.

Im Gegenzug haben Eltern natürlich auch von nun an die Möglichkeit, ihren täglichen Radius zu erweitern. In vielen Fällen wird dies der berufliche Alltag mit professionellen Beziehungen sein.

Merken Sie? Auch Erwachsene haben Ihre wichtigen Kontakte, um stetig weiter zu wachsen. Kinder machen es im Prinzip nicht anders.

Der größte Unterschied jedoch scheint der, dass sie immer noch eine erwachsene Bezugsperson benötigen, welche sie vor äußeren Gefahren schützt und natürlich bei der Befriedigung von Grundbedürfnissen wie Hunger, Durst, Traurigkeit oder ähnlichem unter die Arme greift.

Checkliste „Familienalltag während der Eingewöhnung"

Im Folgenden finden Sie Anhaltspunkte und Ideen, welche sich in der langjährigen Zusammenarbeit mit Eltern immer wieder bewährten.

- ✔ Versuchen Sie wichtige Arzttermine, wie zum Beispiel **U-Untersuchungen, bereits vor dem Beginn der Eingewöhnung** zur erledigen.

- ✔ **Haushaltshilfe**: Warum nicht für die erste Zeit der Kita-Karriere eine Person für die alltäglichen Pflichten organisieren: Vielleicht kann Oma, Papa oder eine Nachbarin den Wocheneinkauf ein paar Wochen lang besorgen? Machen Sie sich Luft, um nach der Kita für Ihr Kind da zu sein. Es braucht Ihre Aufmerksamkeit jetzt besonders. Natürlich spricht nichts gegen kurze Erledigungen, die einfach jeden Tag dazu gehören. Allerdings sind sowieso bereits Nerven raubende Aktivitäten zum Wohle aller zu vermeiden.

- ✔ **Genießen** Sie einfach die Zeit gemeinsam mit dem Kind.

- ✔ Über **die neuen Eindrücke** wird Ihr Kind kaum sprechen. Vielmehr wird es diese durch eigene Aktivitäten versuchen zu verarbeiten. Teilen Sie dies wichtigen Momente mit Ihrem Kind.

- ✔ In der **Natur** – bei Wind und Wetter - lassen sich viele Dinge für uns Erwachsene einfacher verarbeiten! So geht es auch unseren Kindern. Greifen Sie zu den Gummistiefeln und Matschhosen! Warum nicht einfach mal wieder Pfützen suchen gehen?

- ✔ Manchmal ist es auch gut, **große Familienfeiern**, lange und anstrengende Ausflüge oder gar große

Besuche während dieser Phase **zu meiden.**

✔ Auf jeden Fall ist davon **abzuraten**, gleich während der ersten Kita-Tage in den **Familienurlaub** zu fahren. Geben Sie Ihrem Kind die Möglichkeit, durch einen gleichmäßigen Kita-Besuch einen eigenen Rhythmus zu entwickeln.

✔ Rechnen Sie damit, dass Ihr Kind vielleicht schon nach zwei, drei Wochen in der Kita bereits mit einer **Grippe, Erkältung oder ähnlichem** reagieren kann. Hier ist Gelassenheit gefragt. Auch der Körper reagiert auf die neue Umgebung.

Gerade bei Eingewöhnungen kann es vorkommen, dass die Kinder nach der Krankheit wieder zurück in der Kita quasi von Null beginnen, als wären sie nie zuvor dagewesen.

Kalkulieren Sie also gut einen Monat mehr ein. Dies bedeutet auch, es ist nicht empfehlenswert nur zwei Wochen bevor Sie wieder zurück ins Berufsleben kehren, mit der Eingewöhnung zu beginnen.

✔ Denken Sie an sich selbst. Die kommenden Wochen werden der Einstieg in eine neue Lebensphase für alle Familienmitglieder sein. Ihr Nachwuchs wird Ihre Unterstützung sehr brauchen.

Nehmen Sie sich regelmäßig eine kurze Auszeit: einen Kaffee ohne Kinder mit der besten Freundin, oder einfach ein Entspannungsbad, sind die Kinder im Bett und gerade kein vertrauter Babysitter zur Hand. Versuchen Sie nicht „spontan" einen neuen Babysitter für abends zu besorgen: Ihr Kind muss erst einmal eine sichere Bindung zur Bezugserzieherin aufbauen.

→ Welche der genannten Aspekte wollen Sie in den Familienalltag aufnehmen?

8 Was braucht mein Kind in der Kita?

Die Kita wird zum neuen Arbeitsplatz Ihres Sonnenscheins. Stellen Sie sich Ihren eigenen Arbeitsplatz in der Firma vor. Sie verbringen, genauso wie Ihr Kind jetzt eine gewisse Tageszeit – Lebenszeit – an diesem. Welche persönlichen Dinge haben Sie sich mit auf Arbeit genommen? Was wird Ihr Kind wohl benötigen?

Dieser Abschnitt kann als Checkliste oder auch als Anregung dienen. Es empfiehlt sich, jedes einzelne Stück, egal ob Bürste oder Unterhemd mit dem Namen des Kindes zu versehen. Der Fachhandel hält dafür Textilstifte oder Aufkleber bereit.

8.1. Verpflegung

In jeder Einrichtung wird die Verpflegung anders organisiert. Unter anderem gibt es folgende Varianten:

- Vollverpflegung: alle Hauptmahlzeiten, Obst und Getränke sind in der Kita verfügbar
- Mittagessen & Getränke: die Eltern geben dem Kind Frühstück und Vesper mit.
- Eltern geben Obst für die gesamte Gruppe mit. (Elternliste hängt aus)
- ausschließlich Bio-Produkte, nur vegetarische Küche, Mischkost, ...

Wie ist es in Ihrer Einrichtung?

Fragen Sie bei der Anmeldung Ihres Kindes einfach nach. Wichtig ist in diesem Zusammenhang, bei der Anmeldung

unbedingt   eventuelle   Lebensmittelallergien   oder
Lebensmittelunverträglichkeiten mit anzugeben.

Platz für eigene Gedanken

8.2. Checkliste „Kleidung & Co."

Schnell ändert sich das Wetter über den Tag. Wir denken an den April, denn der macht, was er will: Sonne, Regen, Schnee ...

Zu der Standardausrüstung sollten für Ihren Liebling in der Einrichtung immer folgende Kleidungsstücke entsprechend der Jahreszeit bereitliegen.

- ✔ 1 Paar Hausschuhe: bei kleineren Kindern bieten sich auch Stopper Socken an. Der Fachhandel hält auch ein breites Sortiment an Hausschuhen bereit. Es empfiehlt sich jedoch Modelle auszuwählen, welche die Kinder auch allein an- und ausziehen können. *[Dies bietet sich später übrigens auch für Hosen, Jacken, Mützen und so weiter an, denn die Praxis zeigt, dass Kinder durch das Vorbild der anderen eher selbstständig werden. Sie möchten selbst ausprobieren.]*

Wenn es sich anbietet, können gut gereinigte Sandalen oder Stoffschuhe als Hausschuhe dienen, wenn sie beispielsweise im Herbst sowieso nicht mehr zum Einsatz kommen würden und noch sehr gut passen. Der Kreativität sind auch hier wieder keine Grenzen gesetzt.

- ✔ 1-2 Sets komplette Wechselsachen für drinnen: vom Body, über die Strumpfhose bis hin zum Pullover.

- ✔ 5 Lätzchen oder 1 Schürze zum Essen (für die Kleineren), meist werden sie täglich oder alle zusammen zum Waschen mit nach Hause geschickt

- ✔ Schlafanzug, Decke, Schlafsack und ähnliches.

- ✔ eventuell kleine Plastiktütchen für verschmutzte Wäsche

- ✔ 1 Paar Gummistiefel, 1 Matschhose (Gummihose), 1 Regenjacke, eventuell eine extra Mütze & Handschuhe

59

zum Wechseln (diese werden meist in der Garderobe der Kinder untergebracht) – Wind- und Wetterbekleidung wird von den Eltern bei Bedarf zu Hause gewaschen.

Platz für eigene Gedanken ✏

8.3. Checkliste „Pflegeutensilien"

- ✓ Windeln bei Bedarf (meist mitzubringen, manchmal werden sie gestellt)
- ✓ Feuchttücher
- ✓ Bürste/ Kamm
- ✓ Pflegecreme/ Wundcreme für den Windelbereich
- ✓ Sonnencreme (im Sommer)
- ✓ Waschlappen (manche Einrichtungen bitten darum, damit z.B. der Kindermund nach dem Mittagessen mit Wasser gereinigt werden kann)

Platz für eigene Gedanken

8.4. Checkliste „Dinge des persönlichen Bedarfs"

✓ **(Notfall-) Medikamente** mit Rezept, beziehungsweise elterlicher Einnahmeanleitung: Auch hier gibt es in jeder Einrichtung andere Richtlinien.

Auf jeden Fall wird jedoch nie etwas verabreicht, was nicht von den Eltern bewilligt wurde.

Im Notfall wird der Notarzt und im zweiten Schritt ein Sorgeberechtigter informiert.

✓ **Schnuller** bei Bedarf (eventuell sogar einen extra als Ersatz)

✓ **Lieblingskuscheltier** (oder ähnliches)

✓ **Familienfoto**: manche Kinder mögen es, Ihre Familienmitglieder auf einem Foto zu betrachten.

Die Erfahrung zeigt, dass oft bereits in den Gruppen eine Familienwand existiert, an denen auch Ihr Foto einen Platz findet. Kinder betrachten sich (besonders bei einem sehr langen Kita-Tag) gern Mama und Papa.

In manch einer Minute dient dies vielleicht auch zum Trösten.

Die Erzieherin könnte versuchen anhand des Fotos dem Kind mitzuteilen, dass Mama oder Papa bald kommen werden. Übrigens: Welche Mama hat kein Foto von ihrem Sprössling auf dem Schreibtisch stehen?

Platz für eigene Gedanken

9 Checkliste „Eltern & Kita-Leben"

Eine Kindertagesstätte kann man sehen, ihr Konzept kann gelesen werden und der Alltag kann eventuell aus den Erzählungen der Kinder in etwa nachvollzogen werden. Täglich können Sie sich sicher kurz mit einer der anwesenden Erzieherin über die besonderen Dinge des Tages austauschen. Aufgrund des Schichtdienstes wird es in keinem Fall ausschließlich die Bezugserzieherin Ihres Kindes sein.

In der Eingewöhnungszeit können Sie jedoch eventuell die Betreuung Ihres Kindes ein wenig der Anwesenheit seiner Erziehung anpassen. Entsprechend werden auch täglich Gespräche mit ihr möglich sein und vor allem auch wichtig.

Schließlich hat sie eventuell Fragen zum Verhalten des Kindes an Sie. Sie als Eltern können sich auf diese Weise über den Tag und den Gemütszustand Ihres Nachwuchses informieren. Diese Gespräche werden in der Fachwelt **Tür-und-Angel-Gespräche** genannt.

Zum intensiveren Austausch zwischen pädagogischer Fachkraft und Eltern dient Folgendes:

✔ **Entwicklungsgespräche** mit der Erzieherin (meist ohne Kind, einmal jährlich). Die Fachkraft informiert Eltern anhand ihrer Aufzeichnung, als auch des Portfolios mit kindlichen Arbeiten (Bildern, Fotos, ...) über Ihre Einschätzung des derzeitigen Entwicklungsstandes.

Auch Eltern haben an dieser Stelle natürlich die Möglichkeit über verschiedene Fragen oder Unklarheiten, welche sich im Verlaufe des Kita-Alltags ergeben haben, zu sprechen.

✔ Darüber hinaus haben Sie als Eltern immer die Möglichkeit, um einen **extra Gesprächstermin** zu bitten. Jede Erzieherin wird Ihrer Bitte sicher umgehend nachkommen.

Darüber hinaus wird in jeder Kindergruppe in regelmäßigen Abständen, ca. 2–3-mal jährlich ein Treffen mit allen Eltern angeboten.

Eine Teilnahme ist wünschenswert, beziehungsweise aus Erfahrung unbedingt zu empfehlen.

Schließlich hat man dadurch nicht nur die Möglichkeit, sich zu informieren, sondern es ist ein Austausch mit anderen Eltern möglich.

✔ **Elternnachmittage & Elternabende:** Vor allem in den Nachmittagsstunden wird die Betreuung der Kinder vor Ort meist abgesichert. Eltern erhalten Informationen hinsichtlich des Ablaufes und der Organisation der kommenden Monate.

Gibt es besondere Veranstaltungen? Themennachmittage und Vorträge für Eltern? Welchen besonderen Entwicklungsabschnitt werden die Kinder demnächst miteinander begehen? Wie erfolgt der Wechsel von Krippe in den Kindergarten? Was ist dabei zu beachten?

Eine andere Art, um den neuen Lebensraum der Kinder kennenzulernen sind zum Beispiel:

✔ **kleine Veranstaltungen** zum Muttertag, Oma & Opa Tag, Kinderfest, etc.

✔ **Kindergartenfeste** wie zum Beispiel Laternenumzug, Weihnachtsbasar, Schneemannfest, Sommerfest, …

Dabei hat der Nachwuchs Gelegenheit, Ihnen seine neuen Freunde zu zeigen. Gemeinsam mit den Eltern kann das

Lieblingsspielzeug betrachtet werden und ganz ungezwungen nebenbei ergeben sich vielleicht nette Gespräche mit der Erzieherin.

Wenn Eltern Interesse an der Gestaltung der Kita und der Umsetzung von neuen Ideen haben, können Sie sich in verschiedener Art und Weise ebenfalls mit einbringen.

Dadurch eröffnen sich vielseitige Möglichkeiten, den Aufenthalt für alle Kinder in der Einrichtung angenehmer zu gestalten oder auch die Arbeitsbedingungen der Erzieher zu verbessern.

Schließlich muss sich eine Kindertagesstätte ebenso verändern, wie es die Kinder tagtäglich tun. Konzepte, Ideen und Kritiken wachsen gemeinsam.

Mitsprache und Unterstützung seitens der Eltern sind oft herzlich Willkommen:

- ✔ Elternsprecher der Gruppe
- ✔ Elternrat der Kita
- ✔ Elternrat der Stadt/ Gemeinde
- ✔ Elternrat des Bundeslandes

Jede Form eines Elterngremiums bietet neue Impulse dafür.

Liebe Eltern unterschätzen Sie Ihre Möglichkeiten diesbezüglich nicht.

Nicht zuletzt kann eine Kita nur dann familiengerecht werden, wenn auch die Sicht der Eltern in vielen Bereichen mit beachtet wird.

Platz für eigene Gedanken

Notizen

Notizen

Notizen

Notizen

Notizen

Index meiner eignen Notizen

Thema   **Seite**

Über die Autorin

Seit mehr als 15 Jahren leitet Noreen Naranjos Velazquez als Dipl.-Pädagogin und elementare Musikpädagogin neben ihrer Tätigkeit als freie Fachautorin auch Inhouse-Schulungen in Kitas und gibt Workshops für pädagogische Fachkräfte. Ihr Erfahrungsschatz in der Elternberatung zum Thema Eingewöhnung ist ebenso umfangreich. An Fernhochschulen ist sie im Bereich der allgemeinen Pädagogik, Sozialen Arbeit und frühen Kindheit unterwegs.

Auf ihrem **YouTube-Kanal** "ConEvo - Praxistipps & Tricks für soziale Jobs" bietet sie praktische Impulse und Ideen zum Spielen, Basteln, Tanzen, Singen und Leben mit Kleinkindern.